AF196930

Jörg Marxen

Der Wert der Sehnsucht

Annäherungen an eine reife Perspektive

Vortrag am 8. Februar 2020
im Rahmen des Symposiums
»Alexa – still' meine Sehnsucht«
7.–9. Februar 2020 in Bad Oeynhausen

Copyright: © 2020 Jörg Marxen
Lektorat: Erik Kinting – www.buchlektorat.net
Umschlag & Satz: Erik Kinting
Titelfoto: © Jörg Marxen

Verlag und Druck:
tredition GmbH
Halenreie 40-44
22359 Hamburg

978-3-347-14836-9 (Paperback)
978-3-347-14837-6 (Hardcover)
978-3-347-14838-3 (e-Book)

(ISBNs der englischen Ausgabe:
978-3-347-14839-0 (Paperback)
978-3-347-14840-6 (Hardcover)
978-3-347-14841-3 (e-Book))

Bibliografische Information der Deutschen Nationalbibliothek: Die Deutsche Nationalbibliothek verzeichnet diese Publikation in der Deutschen Nationalbibliografie; detaillierte bibliografische Daten sind im Internet über http://dnb.d-nb.de abrufbar.

Veranstalter des Symposiums *Alexa – still' meine Sehnsucht* war die *Median Klinik* am Park Bad Oeynhausen in Zusammenarbeit mit dem *Weiterbildungskreis Psychosomatische Medizin und Analytische Psychotherapie e. V.* und dem *Psychotherapeutischen Lehrinstitut ZAP, staatl. anerkannte Ausbildungsstätte für Psychologische PsychotherapeutInnen und Kinder- und JungendlichenpsychotherapeutInnen.*

Joerg Marxen ist niedergelassen als Psychologischer Psychotherapeut und Coach (TP, Hypnotherapie, Entwicklung von Wertesystemen, Organisationen und Unternehmen).

Kontakt zum Autor:
Jörg Marxen
Am Neuen Petritore 7
38100 Braunschweig
joerg.marxen@marxen.org

Vorwort

Im Jahre 2011 veröffentlichte die *American Psychological Association* einen Artikel, der der Frage nachgeht, ob Sehnsucht nur etwas für Deutsche ist: *Is Longing Only for Germans? A Cross-Cultural Comparison of Sehnsucht in Germany and the United States.* Die Autoren (Scheibe, Blanchard-Fields, Wiest & Freund, 2011) machen deutlich, dass Sehnsucht angesichts aller Unterschiedlichkeiten in beiden Kulturen bedeutsam ist und in beiden Kulturen sowohl funktional als auch dysfunktional wirken kann.

Immer wieder wurde und werde ich Zeuge des Phänomens, dass Sehnsucht für manche Menschen ein Segen zu sein scheint und für andere eine zerstörerische Katastrophe. Das hat mich veranlasst, der Frage nachzugehen, wodurch sich diese extrem unterschiedliche Wirkung erklären lässt, welches also die Faktoren sind, die es uns ermöglichen können, Phänomene aus dem Feld der Sehnsucht segensreich zu nutzen, zu utilisieren.

Jörg Marxen

Inhalt

Das Feld der Sehnsucht

Sehnsucht hat eine Funktion,
Sehnsucht entspringt einer Quelle,
Sehnsucht hat eine Wirkung,
Sehnsucht kann sehr destruktiv wirken,
Sehnsucht kann aber auch ausgesprochen konstruktiv wirken.

Sehnsucht und unser Umgang mit ihr sind als Folge und auch als Ursache beteiligt, wenn zum Beispiel Beziehungen auseinandergehen oder wenn Beziehungen, unser Lebensgefühl, unsere Genuss- und Leistungsfähigkeit sich erfreulicher oder unerfreulicher entwickeln. Sie sind im Spiel, wenn ein glückliches Paar ein Kind erwartet und sich der Partner dann im Laufe der Schwangerschaft oder nach der Geburt des Kindes in eine andere Frau verliebt oder zumindest eine externe sexuelle Beziehung beginnt.
Sehnsucht kann uns gegen, durch oder gerade trotz großer Bedenken in neue Situationen führen, in denen wir neuen Menschen und neuen Aufgaben begegnen, in denen wir uns dann erst mal orientieren müssen.
Auch im Themenfeld *Religiosität, Spiritualität und Transzendenz* geht es meistens ganz wesentlich um Sehnsucht und den Umgang mit ihr.

Sehnsucht wirkt an vielen Stellen ständig in unser Leben hinein.

Das deutsche Wörterbuch der Brüder Grimm (1971) widmet dem Phänomen der Sehnsucht und seinen Facetten einen längeren Absatz mit einer Vielzahl von Aussagen, unter anderem der, dass wir Sehnsucht verstehen können als …

> … einen hohen Grad eines heftigen und oft schmerzlichen Verlangens nach etwas, besonders, wenn man keine Hoffnung hat, das Verlangte zu erlangen, oder wenn die Erlangung ungewiss, noch entfernt ist.

Wörterbuch der Brüder Grimm
(Grimm, J. & Grimm, W., 1971)

Dieses Zitat verwenden auch die Sehnsuchtsforscher um Paul Baltes, Alexandra Freund und Susanne Scheibe (Scheibe et al., 2007), die von einem entwicklungspsychologischen Blick auf die gesamte Lebensspanne ausgehen und deren Definition und Charakterisierung ich im Wesentlichen folge.

Sie charakterisieren das Phänomen *Sehnsucht* mithilfe von sechs Merkmalen:

1. Unerreichbarkeit
2. Unvollkommenheit und Unfertigkeit des eigenen Lebens
3. Dreizeitigkeitsfokus
4. begleitendes Phänomen bittersüßer Gefühle bzw. süß-bitterer Gefühle
5. Sehnsucht lädt zu Rückschau und Lebensbewertung ein
6. Symbolcharakter und symbolischer Reichtum der Sehnsucht

Sie konkretisieren ihr Verständnis etwa so:

Die ersten beiden Charakteristika gehen Hand in Hand; auf der einen Seite die Gedanken, Wünsche und Emotionen, die mit persönlichen Utopien verbunden sind, mit der Suche nach einem optimalen Leben, und auf der anderen Seite das begleitende Gefühl einer Unvollständigkeit und Unvollkommenheit des Lebens. Gemeinsam verursachen diese beiden Aspekte die bittere Süße oder süße Bitterkeit von Sehnsucht, die Verbindung von Begehren und Enttäuschung, die Suche nach Wegen, diese Gegensätzlichkeit zu handhaben.

Sehnsucht kann uns helfen, Visionen zu entwickeln. In den Wohlgefühlen, die sich einstellen, wenn wir uns vorstellen, wie unsere Träume sich erfüllen, zeigt sich ihre Qualität der Süße.

Bitter kann es dagegen sein, wenn wir feststellen, dass das, was wir uns wünschen, was uns wie die Erlösung unserer Träume vorkommt, nicht vollständig, nicht in absehbarer Zukunft oder sogar überhaupt nicht erreichbar ist, sondern sich als dauerhaft unerreichbar erweist.

Ein Dreizeitigkeitsfokus bedeutet nicht, dass notwendigerweise immer die ganze Lebensspanne von der Kindheit über die Gegenwart bis in das hohe Alter betrachtet und im Bewusstsein gehalten wird. Allerdings wird davon ausgegangen, dass die Empfindung von Sehnsucht sich immer ausgehend vom gegenwärtigen Augenblick sowohl in die Vergangenheit als auch in die Zukunft hinein ausdehnt.

Vor diesem Hintergrund und oft mit ambivalenten Empfindungen kann Sehnsucht immer wieder einen Rückblick auf das gelebte Leben verursachen und begleiten, uns veranlassen, es auf Stimmigkeit und Erfüllung, auf Gelungenes und zu Lernendes hin zu bewerten.

Ein weiteres wesentliches Charakteristikum ist der Reichtum der symbolischen Bedeutung. Wenn wir den symbolischen Reichtum im Blick behalten, sehen wir, dass Sehnsüchte sehr viel mehr sind als ein konkretes Verhalten oder Erleben. Wir sehen, dass die spezifischen Objekte oder Ziele der Sehnsüchte mit umfassenderen mentalen und emotionalen Repräsentationen dessen verbunden sind, wofür sie stehen. Wir blicken in einen großen, weiten Raum dahinter oder ahnen ihn zumindest.

Gemäß dieser Eigenschaft von Sehnsucht ist ein spezifisches Begehren oder Verlangen, zum Beispiel nach einer Umarmung durch einen Menschen, den man liebt, nicht notwendigerweise eine Manifestation von Sehnsucht. Ein Wunsch wird nach Baltes nur dann als Manifestation von Sehnsucht angesehen, wenn die mentalen und emotionalen Repräsentationen, die mit ihm verbunden sind, dahinter mit einer größeren Gestalt von Gedanken und Gefühlen über die Richtung des eigenen Lebens verbunden sind. Im Falle der Umarmung könnte es sich so gesehen natürlich einfach um einen banalen Wunsch handeln, dahinter könnte sich aber auch die Sehnsucht nach Intimität im Allgemeinen verbergen.

Soweit die Hinweise durch die Forscher um Paul Baltes (vgl. Scheibe et al., 2007).

Die Kompass-Funktion der Sehnsucht

Im Zusammenwirken dieser Charakteristika, besonders des Dreizeitigkeitsfokus und der Lebensbewertung, zeigt Sehnsucht eine Kompass-Funktion:

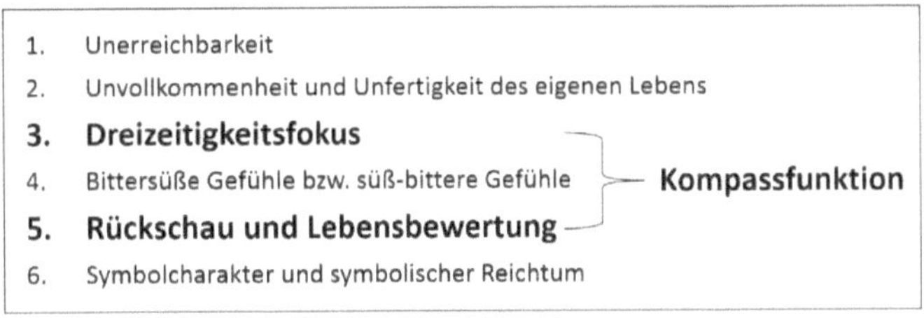

1.	Unerreichbarkeit
2.	Unvollkommenheit und Unfertigkeit des eigenen Lebens
3.	**Dreizeitigkeitsfokus**
4.	Bittersüße Gefühle bzw. süß-bittere Gefühle
5.	**Rückschau und Lebensbewertung**
6.	Symbolcharakter und symbolischer Reichtum

— **Kompassfunktion**

Abbildung 1 Kompassfunktion der Sehnsucht

Mithilfe dieser Kompassfunktion können wir in der Rückschau zum Beispiel fragen, wie weit wir in der Vergangenheit wir selber gewesen sind. Wir können uns prüfen, wie einverstanden wir damit sind, wie wir unser gegenwärtiges Leben gestalten, und wir können uns von der Kompass-Wirkung der Sehnsucht fragen lassen, wie wir unser Leben in Zukunft auszurichten haben, wie wir uns im Zusammenspiel dessen, was in uns nach Entfaltung ruft und den Gegebenheiten unseres Lebens, am besten treu sein können.

Die Unerreichbarkeit der Sehnsucht

Die Literatur über Sehnsucht verwendet den Begriff der *Unerreichbarkeit* mitunter auch dann, wenn es sich um eine nicht unendliche, sondern nur sehr lange Wartezeit auf die Erfüllung handelt. Da aber eine Trennschärfe genau an dieser Stelle der Definition den Unterschied zwischen Glück und Unglück ausmachen kann, gehe ich davon aus, dass etwas, das wann auch immer erreicht werden kann, niemals die Sehnsucht selbst ist.

> *Wenn es erreichbar ist,*
> *ist es nicht die Sehnsucht selbst.*

Ich werde noch zeigen, warum dies zunächst vielleicht ein unbequemer Gedanke ist, der uns aber letztlich befreit, professionalisiert und uns hilft, mit dem eigenen Leben souveräner und konstruktiver umzugehen, auch mit den Anforderungen in unserer Rolle als Therapeut, hier besonders im Umgang mit Übertragung und Gegenübertragung, und warum er die Voraussetzung dafür schafft, eine bestimmte, nicht immer gleich erkennbare Qualität der Sehnsucht erfahren zu können.

Wir können Sehnsucht nach Liebe, Macht, Erfolg, Identität, sozialer Verbundenheit, möglicherweise auch nach Religiosität, Spiritualität und Transzendenz haben.

All diese Sehnsüchte können in unterschiedlichen Aggregatzuständen vorliegen:

- Sie können uns bewusst zugänglich sein.
- Sie können vorhanden aber noch nicht entfaltet sein.
- Sie können abgewehrt sein.

Unabhängig von ihrer Erscheinungsform können Sehnsüchte für uns eine außerordentliche Herausforderung sein. Das gilt im Umgang mit der eigenen Sehnsucht ebenso wie in der Rolle des Begleiters eines Menschen, dem sie sich gerade offenbart.

Das Ringen um Reife

Eltern erfahren diese Herausforderung mitunter so, als würden sie daraufhin getestet, wie reif sie auf ihre Kinder antworten.

Dazu ein Positiv-Beispiel:

Ein Fest bei Freunden; Erwachsene, Kinder, ausgelassene, entspannte Stimmung. Irgendwann ist es Zeit, mit dem eigenen Kind nach Hause zu gehen. Es ist überdreht und es ist wütend, dass es schon gehen muss. Es verkündet auf dem spätabendlichen Heimweg durch ein ruhiges Dorf den aufmerksamen nachbarlichen Ohren lautstark, für wie grausam und schrecklich es seine Eltern hält, weil es jetzt schon nach Hause muss. Die Eltern bleiben freundlich und klar. Eine Viertelstunde später strahlt das Kind, lächelt beglückt und schläft schnell und selig ein.

Die Eltern haben es liebevoll begrenzt und gelenkt. Wieder und wieder, immer bei Bedarf. In dieser und ähnlichen Situationen.

Banal? Vielleicht. Fünfundzwanzig Jahre später sagt dieses Kind, dass es zum Teil genau solche Situationen waren, die ihm ganz viel Kraft für schwierige Momente seines Lebens mit auf den Weg gegeben haben, das Gefühl, mit dem, was das

Leben bringen mag, sicher gehalten zu sein, auch mit intensiven, unglücklichen Empfindungen und tief greifenden, zunächst unlösbar erscheinenden Aufgaben oder Konflikten.

Da scheint etwas hindurch. Da wurde nach der Definition der Forschergruppe um Baltes (Scheibe et al., 2007) durch die Eltern offenbar nicht nur jeweils ein situatives Bedürfnis des Kindes nach Begrenzung beantwortet, sondern auch eine dahinterliegende grundsätzliche Sehnsucht danach, bedingungslos und auf jeden Fall verlässlich gehalten zu sein.

In Liebe zu begrenzen war in obigem Beispiel eine reife, gesunde Antwort der Eltern auf eine durch ein aktuelles Bedürfnis hindurchscheinende Sehnsucht, eine Antwort, die nachhaltig eine gute Wirkung hatte. Dabei war den Eltern in den jeweiligen Situationen vielleicht gar nicht bewusst, dass sie nicht nur auf ein situatives Bedürfnis, sondern auch auf eine dahinterliegende tiefe Sehnsucht eingingen.

Nicht immer geht es so gut aus, wenn wir durch machtvoll aufgeladene Symbole der Sehnsucht herausgefordert werden, zumindest nicht gleich im ersten Anlauf.

Auch dazu ein Beispiel:

Ein Mensch aus ärmlichen Verhältnissen verbessert seine Lage, bis er in einer materiell ausgesprochen angenehmen Situation lebt und eine beachtliche soziale und berufliche Position erreicht hat. Dann, in einem einzigen Moment, verliert er all diese Verbesserungen und findet sich in der ärmlichen Situation wieder, in der anfangs gewesen ist. Sein subjektives Erleben sagt ihm, dass er hier nun für immer bleiben wird.

Genau das passiert dem Menschen, der im grimmschen Märchen vom Fischer und seiner Frau symbolisch mit Hilfe von zwei Personen dargestellt wird (siehe Grimm, J., W. & Laimgruber, M. (1978): *Vom Fischer und seiner Frau*, Artemis).

Wenn wir den Schwerpunkt der Deutung nicht, was natürlich auch möglich wäre, auf eine Beziehungsdynamik zwischen zwei Menschen legen, sondern auf die Darstellung einer intrapersonalen Dynamik, dann betritt einer der Persönlichkeitsanteile unseres Protagonisten die Bühne des Märchens als Fischer und einer als Frau des Fischers.

Der Fischer rettet einem verwunschenen Prinzen, der als Fisch in einem Teich schwimmt, das Leben und bekommt auf diese Weise Zugang zu dessen Fähigkeit und Bereitschaft, ihm Wünsche zu erfüllen. Die Frau besteht darauf, diese Ressource konsequent zu nutzen. Der Intensität seiner Frau folgend, geradezu ausgeliefert, gibt der Fischer deren Begehr zwar mit Unbehagen, aber ungebremst als Wünsche an den Fisch weiter.

Als Symbole für die Wünsche, und durch deren anfängliche Erfüllung zunächst auch für die Errungenschaften des Protagonisten, nennt das Märchen den Umzug aus einer kleinen Hütte in ein Häuschen, den Umzug in ein Schloss sowie König, Kaiser und schließlich Papst zu werden.

Der durch die Frau symbolisierte Persönlichkeitsanteil verfügt offenbar über die Fähigkeit, tiefe Sehnsucht und Leidenschaft empfinden zu können, er fordert, mutet sich zu.

Die andere Innengestalt, der Fischer, möchte auf die Grenzen des Machbaren und Angemessenen achten, spürt Impulse in sich, nüchtern zu sein, zu wissen, wann es genug ist, zu wissen, wann es darum geht, demütig zu sein.

Beiden Gestalten haftet die Qualität der Unfertigkeit an, ihr Zusammenwirken ist noch kein Zusammenspiel.

Ohne seine intensiv empfundene Sehnsucht hätte dieser Mensch niemals den Mut und den Antrieb gehabt, seine Ressourcen, wenn auch noch unreif, herauszufordern und zu nutzen, um seine Situation zu verbessern. Alles wäre beim Alten geblieben. Es hätte keinen Umzug in ein Haus, in einen Palast, keine Entwicklung über König und Kaiser zum Papst gegeben.

Wie wäre es, wenn wir an dieser Stelle in das Geschehen eingreifen könnten? Was wäre passiert, wenn der Mensch, dessen Schicksal sich vor unseren Augen entfaltet, eine gute Therapeutin gehabt hätte, eine ausreichend positive Übertragung und Vertrauen, wenn er die Symbole seines Konfliktes bearbeitet und nicht schrankenlos agiert hätte?

Was, wenn es dem Persönlichkeitsanteil, der durch den Fischer symbolisiert ist, gelungen wäre, den Persönlichkeitsanteil, der durch die Frau vertreten wird, mit Respekt für dessen Qualitäten spätestens an dieser Stelle der Entwicklung zu begrenzen?

Es wäre vermutlich kein so bewegendes Märchen geworden.

Zu einer Begrenzung kommt es aber nicht. Der Fischer trägt dem Fisch den Wunsch seiner Frau an, wie Gott zu werden. Daraufhin ist alles Erreichte dahin. Unser Protagonist endet schließlich in der Fischerhütte des Anfangs mit dem Hinweis, dass er dort bis auf den heutigen Tag sitzt, also offenbar für längere Zeit, für eine gefühlte Ewigkeit.

Mit praktizierter Demut hätte die Geschichte vielleicht so ausgehen können, dass der Mensch spätestens dort innehält, wo als Symbol für die Qualität des Erreichten der Papst, also eine ausgesprochen mächtige, aber noch menschliche Gestalt ins Spiel kommt, als Metapher für jemanden, der mit dem Allmächtigen in Kontakt steht, aber nicht damit identifiziert ist.

Dazu hätte er den Wunsch, allmächtig zu sein, als etwas erkennen müssen, das tatsächlich unerfüllbar ist und für den Menschen unerfüllbar zu bleiben hat, als Symbol für eine dahinterliegende unerfüllbare Sehnsucht.

Ohne angemessene Begrenzung durch die Vernunft kann es dazu kommen, dass die Sehnsucht durch Maßlosigkeit das Erreichte zerstört und das, was gerade vorher noch erreichbar war, sich in etwas Unerreichbares verwandelt.

Egal also, wie die Geschichte sich entwickelt: Der Mensch ist am Ende mit dem Faktum der Unerreichbarkeit der hinter den Symbolen liegenden Sehnsucht konfrontiert, in diesem Fall auch mit dem illusionären Charakter des Symbols der Allmachtsfantasie – mal in einer komfortableren Situation, die es ihm leichter macht, innere und äußerer Ziele zu erreichen, mal mit mehr Härte.

Wenn wir als Mensch den Wert von Sehnsucht nutzen wollen, geht das nur in Balance mit dem Wert der Nüchternheit.

C. G. Jung verweist darauf, dass archetypische Kräfte sich nicht unbedingt maßvoll und vernünftig zeigen, wenn sie zum Beispiel begleitet von tiefer Sehnsucht in unser Leben hineinbrechen. Er betont, wie wichtig es ist, dass das Ich auf Augenhöhe mit den Phänomenen umgeht, die als göttliche Kräfte erlebt werden können.

Der Wert der Sehnsucht

Der Wert der Sehnsucht für den Fischer und seine Frau könnte in dem Moment der Verzweiflung an einem scheinbar furchtbaren Ende darin bestehen, dieses als nur vermeintliches Ende, als eine Phase zu erleben und diese Phase der Verzweiflung, der Konfrontation mit den Folgen des eigenen Tuns besser oder überhaupt durchstehen und ertragen zu können.

Wenn wir die Option aufgreifen, dass die Gestalt des Märchens für den Umgang mit Sehnsucht, mit ihren Persönlichkeitsanteilen und deren Konflikten tatsächlich eine gute therapeutische Begleitung gehabt hätte, aber deren Hilfe nicht früher nutzen konnte, der eine Teil den anderen trotzdem nicht früher hätte begrenzen können, dann kommt es zunächst zu einem Schaden: Der Mensch hat alles Erlangte verloren und sitzt schließlich leer und betäubt in der Hütte des Anfangs.

Genau das ist ja schon oft geschehen und kann immer wieder geschehen: unseren Patienten und möglicherweise auch uns selbst.

Der Mensch, den wir hier gedanklich begleiten, kann sich glücklich schätzen, wenn dann in dieser dunklen Zeit seine Therapeutin vertrauensvoll und gelassen seine Sehnsucht schon im Blick hat, während diese sich seinem eigenen Bewusstsein noch entzieht, die ihm dann, wenn seine Sehnsucht sich ihm durch neue Symbole zeigt und ihn wieder zu Kräften kommen lässt, hilft, seine Erfahrungen zu reflektieren und neue Erfahrungen zu suchen.

So mit Sehnsucht umzugehen, dass sie ihre segensreiche Wirkung im Leben eines Menschen entfalten kann, ist eine Kunst. Einerseits scheint es darum zu gehen, der Sehnsucht zu erlauben, ihre Aufgabe zu erfüllen, unsere Pläne und Gewohnheiten zu durchkreuzen, uns über das Gewohnte hinauszuführen, mitunter radikale Veränderungen vorzunehmen, andererseits kann es aber zerstörerisch werden, wenn wir uns ihr einfach überlassen.

Sehnsucht könnte man auch auffassen als das Ergebnis eines komplizierten Algorithmus, der eine für unser Bewusstsein unübersehbare Menge an Faktoren berücksichtigt, um uns dann Vorschläge zu machen. Diese Vorschläge können genial wirken, befreiend, beängstigend oder vollkommen weltfremd. Wir brauchen Vernunft, Bodenhaftung und eine gute Beziehung zum sogenannten *Banalen*, um die zum Teil heftig begeisterten, schwelgenden Erscheinungsformen unserer Sehnsüchte in lebbare Bahnen zu lenken, zu begrenzen oder in einem gegebenen Moment als absolut nicht umsetzbar zu erkennen, zu deklarieren und entsprechend konsequent zu handeln.

Sehnsucht kann bewusst oder unbewusst sein, schon entfaltet oder noch in Wartestellung wie die Pflanzensamen im Wüstensand. Sie kann unter einer dicken Schicht von Reaktionsbildung verborgen oder durch Abspaltung unserem Bewusstsein entzogen sein.

Wenn das Samenkorn im Wüstensand nicht ständig laut schreit, bedeutet das keineswegs, dass ihm nicht die Sehnsucht nach Wasser innewohnt. Mitunter erwacht die Leidenschaft für eine bestimmte Form von Sehnsucht erst dann, wenn sie beantwortet wird, und manchmal zeigen sich Sehnsüchte erst in großer Not und in Situationen, die wir als unerträglich und überfordernd erleben.

Warum sollte sich ein reifer erfolgreicher Mensch, der ein ausgefülltes Leben führt, beliebt ist und eingebettet in einen stabilen Freundes- und Kollegenkreis, sich auch nur im Entferntesten mit der Frage beschäftigen, wie er seine reifen Persönlichkeitsanteile weiter stärken kann, wie er seine innere Struktur noch belastbarer machen kann? Wäre das nicht Zeitverschwendung?

Die Frage ist verständlich, aber mitunter kommt ohne erkennbare Not in einem gelingenden Leben eine Sehnsucht mit einer Heftigkeit ins Spiel, die an Intensität alles bisher Gekannte weit übertrifft, in einer symbolischen Form, die nicht unmittelbar entschlüsselt werden kann. Oder es konstelliert sich eine ungekannte Not und es zeigt sich, dass es eine Sehnsucht war, die den Menschen in Not gebracht hat, sodass schließlich Not und Sehnsucht Antwort brauchen.

Das kann dramatisch verlaufen, sogar richtig schief gehen, es kann aber auch zu Entwicklungssprüngen führen, die zuvor undenkbar waren.

Wenn die Begleitung in einer solchen Krise erfolgreich verlaufen ist, dann zeigt sich bei Menschen, die jahrzehntelang stabil und erfolgreich waren und erst durch eine extrem intensive Sehnsucht Überflutung, Überforderung und bedrohliche Gefährdung ihrer Stabilität erfahren haben, ein bemerkenswertes Phänomen, nämlich eine bewegende Berührtheit von der Notwenigkeit der Balance zweier Kategorien von Sehnsüchten mit tiefem Respekt für die daran beteiligten Kräfte.

Die Kriterien, die die Gruppe um Paul Baltes (Scheibe et al., 2007) zur Verfügung stellt, helfen zu erkennen und zu formulieren, dass da etwas Tiefes, Dahinterliegendes hindurchscheint und auch benannt wird, etwas das über die Beantwortung aktueller Bedürfnisse weit hinausgeht und mit grundlegenden Sehnsüchten zu tun hat.

Solche Beobachtungen und Erfahrungen veranlassen mich, davon auszugehen, dass es tatsächlich neben der Sehnsucht nach dem Empfinden von Sehnsucht noch zwei weitere, existenziell bedeutsame Sehnsüchte gibt (siehe Abbildung 2):

1. Eine Sehnsucht nach Nüchternheit, wohlgemerkt nach einer wohlwollenden, herzlichen Nüchternheit, die stark genug ist, angesichts des eigenen Mitgefühls klar abgegrenzt zu bleiben

2. und eine Sehnsucht nach einer lebendigen, dynamischen, stabilen, flexiblen Balance zwischen der Sehnsucht nach dem Empfinden von Sehnsucht und der Sehnsucht nach Nüchternheit und Vernunft.

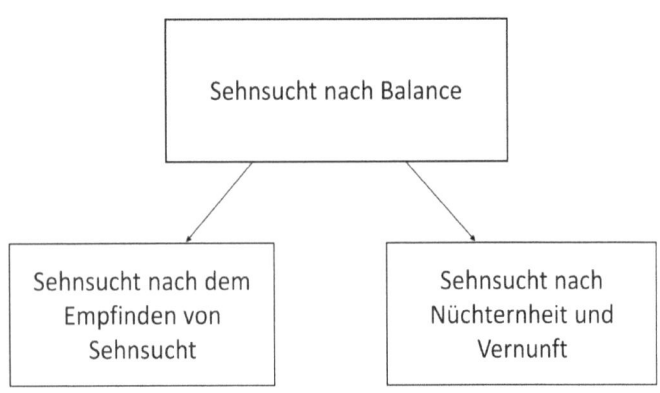

Abbildung 2 Die Sehnsucht nach Balance

Wenn die Sehnsucht nach Balance beide Kräfte reguliert und zu einem gesunden Zusammenspiel bringt, dann wird es weder dazu kommen, dass die Sehnsucht die Vernunft überwältigt (mitunter mit furchtbaren, destruktiven Konsequenzen), noch dazu, dass eine Übermacht von Vernunft die Sehnsucht erdrückt und wir in unserem Leben keinen Sinn und keine Richtung mehr empfinden. – Wir beginnen mit Reife den Wert der Sehnsucht zu nutzen.

Mit Reife den Wert der Sehnsucht nutzen

Es gibt eine Vielzahl von Sehnsüchten, die uns durch die Anliegen unserer Patienten angetragen werden können, manche davon liegen im Feld von *Religiosität, Spiritualität und Transzendenz.*

Abraham Maslow (1971) fand diesen Bereich der menschlichen Sehnsüchte gegen Ende seines Lebens so bedeutsam, dass er sie neben kognitiven und ästhetischen Bedürfnissen in sein Konzept aufgenommen hat (siehe Abbildung 3). Diese Darstellungen Maslows (1971) und ähnliche Hinweise aus den Arbeiten von Graves (1974), Beck und Cowan (1996), sowie Beck und Linscott (1991) legen es nahe, von zwei recht unterschiedlichen Erscheinungsformen spiritueller Sehnsüchte auszugehen:

1. Solchen, die jederzeit in allen Entwicklungsphasen und unter allen Umständen durch das, was Menschen erleben, hindurchscheinen können, und

2. solchen, die mit einer besonders weit entwickelten Reife des Menschen zu tun haben, die eine so herausragende Qualität besitzen, dass sie an der Spitze der *Maslowschen Pyramide* gelandet sind.

Abbildung 3 Erweiterte Bedürfnishierarchie nach Maslow (1971)

Reife und der Respekt für das, was wir nicht verstehen

Was bedeutet das für unsere Begleitung von Menschen?

Es hilft uns natürlich, wenn wir Konzepte haben, mit denen wir unsere Eindrücke reflektieren können, die uns helfen können Muster zu erkennen, unsere *Theory of Mind* darüber zu entwerfen, was in unserem Gegenüber vor sich geht. Aber zum Glück brauchen wir die Art von Sehnsucht unserer Patienten gar nicht unbedingt verstehen, denn wir sind angesichts von Sehnsucht nicht als Wissende oder Besser-Wissende, nicht als Dozierende gefragt. Gerade wenn wir im Umgang mit den Sehnsüchten unserer Patienten von einem bekennenden Unwissen ausgehen, kann dies den Raum und die Sicherheit zur Verfügung zu stellen, die sie für ihre eigenen Erkundungen benötigen.

Falls wir doch den Eindruck haben, etwas von den Sehnsüchten unserer Patienten zu verstehen oder zu wissen, dann bedarf es einer gewissen Zurückhaltung, um ihnen glaubhaft vermitteln zu können, dass die therapeutische Situation ihre Bühne ist und nicht unsere.

Den Dialog zwischen unseren Patienten und uns habe ich zur Verdeutlichung ab 2001 (siehe Anhang) begonnen so darzustellen, dass sie uns mit ihrer Übertragung ihr Anliegen antragen und dass wir ihnen mit unserer Gegenübertragung – genau genommen mit unserem Umgang mit unserer Gegenübertragung – unsere Antwort antragen:

> Mit der Übertragung wird uns das Anliegen des Patienten angetragen.

> Mit der Gegenübertragung wird ihm unsere Antwort angetragen.

Damit unsere Antwort konstruktiv wirken kann, sind wir dabei selektiv authentisch, verbunden mit unserer Aufgabe und geleitet von der Frage, was gerade dem therapeutischen Prozess dient.

Je intensiver die symbolische und emotionale Ladung eines Themas ist, desto mehr kommt es darauf an, ob und wie sehr wir auf unsere Aufgabe ausgerichtet sind, dass wir so zentriert sind, dass wir unsere Wahrnehmungen nutzen können, ohne mit ihnen identifiziert zu sein, ohne um unseretwillen eine Spannung agierend abbauen zu müssen.

Wenn wir gerade im Umgang mit Sehnsucht Partei ergreifen oder eigene Positionen einbringen, dann kann es passieren, dass wir unserem Gegenüber keine Antwort, sondern ein eigenes Anliegen antragen.

Aber wir können uns auch Unwissenheit einräumen, uns die Charakteristika von Sehnsucht vergegenwärtigen und so zwei Optionen schaffen:

1. Möglicherweise gelingt es, in der therapeutischen Beziehung einen ausreichend sicheren und für die anstehenden Erkundungen nutzbaren Rahmen und Raum zur Verfügung zu stellen. Oder

2. wir können konstruktiv und wertschätzend damit umgehen, dass unsere Patienten sich mitunter für die Erkundung spezifischer Sehnsüchte außerhalb des therapeutischen Prozesses eine Gelegenheit schaffen.

Ein überraschendes Anliegen

Auch, wenn wir als Therapeut kein grundsätzliches Problem mit spirituellen und religiösen Themen haben, können wir in schwierige Situationen kommen.

Was machen wir, wenn jemand zum Beispiel das, was er selbst für Gott hält, auf uns projiziert?

Ein Beispiel:

Eine Dame mittleren Alters, Akademikerin, gebildet, engagiert, stellt sich zutiefst unglücklich vor. Sie befinde sich in einer Sinnkrise und sei unerträglich niedergeschlagen. Sie beginnt von ihrem Lebenshintergrund zu berichten und äußert in der dritten Sitzung, sie sei intensiv in den Therapeuten verliebt, wisse, dass er es ist, mit dem sie zusammen sein möchte, für den sie bereit sei, alles in ihrem Leben stehen und liegen zu lassen. Sie wolle ein privates Treffen.

Die einfache Intervention, deutlich zu sagen, dass dies auf gar keinen Fall infrage käme, erträgt sie genau bis zur nächsten Stunde. Nachdem sie dann aber wieder eine eindeutige Frustration ihres Ansinnens als Antwort erhält und den Hinweis, dass es absolut normal sei, auf Therapeuten zu projizieren, dass dies aber nicht ausgelebt, sondern für Erkun-

dungen genutzt werden soll, bricht sie den Kontakt
ab.

Nach mehreren Wochen meldet sie sich wieder. Sie
versichert am Telefon glaubhaft, dass sie künftig
akzeptieren könne, dass keinerlei privater Kontakt
mit dem Therapeuten möglich sei. Sie wolle die
Behandlung fortsetzen.

Sie berichtet dann, dass sie inzwischen erkannt
habe, was sie auf den Therapeuten projiziert hatte.
Sie habe nach dem Abbruch des Kontaktes schnell
gemerkt, dass es nicht um etwas Sexuelles gegan-
gen sei, in dieser Hinsicht sei sie mit ihrem Mann
erfüllt und glücklich. Sie habe vielmehr eine tiefe
Sehnsucht nach Gott in sich. Das habe sie in dieser
Intensität nicht gewusst. Sie habe begonnen, sich
auf ihre spirituelle Suche zu begeben. Seither seien
die auf den Therapeuten gerichteten Sehnsüchte
vollkommen verschwunden. Seit sie wisse, dass sie
sich nach Gott sehnt, könne sie dies auf den Therapeuten nicht mehr projizieren, dafür sei er ja nun
auch wirklich keine gute Besetzung.

Die Behandlung lief danach wie viele andere Be-
handlungen auch und konnte erfolgreich abge-
schlossen werden. Ihren spirituellen Sehnsüchten
ging die Patientin in anderen Kontexten nach.

Dass die Patientin Gott auf ihren Therapeuten projiziert hatte, war diesem nicht in den Sinn gekom-

men, es war lediglich klar, dass das Anliegen, hier etwas zu agieren, unmissverständlich zu frustrieren war. Ebenso wenig hatte er vorhergesehen, dass sie die erforderliche Frustration für ihre Entwicklung würde nutzen können.

An dieser Stelle endet die Zuständigkeit des Therapeuten.

Wir können und brauchen nicht immer verstehen, welche Sehnsucht uns als Anliegen entgegenkommt, aber wir sind verantwortlich für den respektvollen Umgang damit, der im Rahmen unserer Möglichkeiten einen Raum für das schafft, was wir zunächst oder auch dauerhaft nicht verstehen und der bei Bedarf, und zwar auch ohne die Sehnsucht jeweils verstehen zu müssen, für unmissverständliche Abgrenzung gegen jedes Agieren sorgt.

In dem Beispiel mit der Gottes-Übertragung wurden der Kraft der Sehnsucht keine destruktiven Optionen zugestanden. Sie hat in der Folge zu Erkenntnis und Bereicherung geführt und mit ihrer Kompassfunktion zu einer sinnhaften Neuausrichtung des Lebens beigetragen.

Ausblick

Sehnsucht kann sich aus heiterem Himmel melden oder bei Verlust eines bedeutsamen Symbols. Das, was uns wertvoll und kostbar ist, kann verloren gehen. Dann trauern wir um die Form, das ist manchmal kaum zu ertragen. Es kann eine Phase der Leere nach sich ziehen, alle bekannten Trauerphasen und als desolat empfundene Verfassungen.

Wenn dann die Sehnsucht beginnt, segensreich zu wirken, beginnt mitunter eine vermeintlich ungerichtete Suchbewegung, eine Belebung, die nicht unbedingt mit gefühltem Sinn, manchmal aber noch mit Verzweiflung einhergeht.

Doch so, wie Picasso über die Inspiration sagte, dass sie kommt, aber dass sie uns bei der Arbeit vorfinden muss, gilt mitunter für die Kompassfunktion der Sehnsucht, dass sie uns in einem Modus der Rezeptivität vorfinden muss. Und die vermeintlich ungerichtete Suchbewegung kann genau dieser rezeptive Zustand sein.

Wenn dann neue Symbole für das Ersehnte entstehen, erfahren wir bewusst die Kompassfunktion der Sehnsucht und stellen fest, dass wir wieder eine Perspektive bekommen, etwas das uns zieht und drängt, das uns konkret in Bewegung setzt.

Wenn wir die Sehnsucht von ihren Symbolen unterscheiden, wenn wir der Unerfüllbarkeit und der Unerreichbarkeit der Sehnsucht zustimmen, sie also nehmen, wie sie ist, nicht wie wir sie gerne hätten, uns mit ihr anfreunden, so wie sie ist, dann belohnt sie uns mit ihrer verborgenen Qualität, mit ihrer Verlässlichkeit.

Egal was geschieht, egal welche von Sehnsucht aufgeladenen Symbole aus unserem Leben verschwinden oder sich als nicht erreichbar erweisen: Wenn wir es ihr zugestehen – manchmal sogar, wenn wir es ihr nicht zugestehen –, schenkt uns die Sehnsucht neue Symbole, die uns erneut (mitunter wie einem Phoenix aus der Asche) eine Richtung weisen, eine Perspektive und neue Ziele geben sowie die Kraft, das Neue zu tun.

Wenn *Alexa* der Aufforderung des Tagungsthemas folgen könnte, wenn *Alexa* die Macht hätte, unsere Sehnsucht zu stillen, dann müssten wir auf die Sehnsucht verzichten. Wir könnten deshalb vielleicht auf die Idee kommen, zu sagen: »Alexa, rette meine Sehnsucht.« Unsere Sehnsucht braucht aber keine Rettung. Wenn wir um ihren Wert wissen und ihr wie etwas Wertvollem mit Respekt begegnen, rettet sie uns.

Literaturverzeichnis

Quellen:

Beck, D. E., & Cowan, C. (1996). *Spiral dynamics: exploring the new science of memetics*. Blackwell Publishers.

Beck, D., & Linscott, G. (1991). *The crucible: Forging South Africa's future*. New Paradigm Press.

Graves, C. W. (1974). Human nature prepares for a momentous leap. *The futurist*, *8*(2), 72–85.

Grimm, J., & Grimm, W. (1971). *Deutsches Wörterbuch*. 16 Bde. in 32 Teilbänden. Leipzig: S. Hirzel 1854–1960.

Grimm, J., Grimm, W., & Laimgruber, M. (1978). *Vom Fischer und seiner Frau*. Artemis.

Maslow, A. H. (1971). *The farther reaches of human nature*. New York, NY, US: Arkana.

Scheibe, S., Freund, A. M., & Baltes, P. B. (2007). Toward a developmental psychology of Sehnsucht (life longings): The optimal (utopian) life. *Developmental psychology*, 43(3), 778.

Scheibe, S., Blanchard-Fields, F., Wiest, M., & Freund, A. M. (2011). Is longing only for Germans? A cross-cultural comparison of Sehnsucht in Germany and the United States. *Developmental psychology*, *47*(3), 603.

Weiterführende Literatur:

Die hier gelistete Literatur bezieht sich auf die Inhalte des Vortrags und des Workshops *Die Sehnsucht nach Reife*, der ebenfalls im Rahmen des Symposiums *Alexa, still' meine Sehnsucht* von Joerg Marxen angeboten wurde.

Adam, K-U. (2003). *Therapeutisches Arbeiten mit dem Ich.* Düsseldorf und Zürich: Walter Verlag.

Altmeyer, M., & Thomä, H. (2010). Einführung: Psychoanalyse und Intersubjektivität. In M. Altmeyer, & H. Thomä (Hrsg.), *Die vernetzte Seele – Die intersubjektive Wende in der Psychoanalyse.* 2. Aufl. Klett-Cotta.

Baltes, P. (2004). *Wisdom as orchestration of mind and virtue.* Book in preparation. http://www.mpib-berlin.mpg.de/en/institut/dok/full/baltes/orchestr/ [03.03.2020]

Baltes, P. B., & Staudinger, U. M. (2000). Wisdom: A metaheuristic (pragmatic) to orchestrate mind and virtue toward excellence. *American psychologist*, *55*(1), 122.

Beck, D. E., Larsen, T. H., Solonin, S., Viljoen, R. C., & Johns, T. Q. (2019). *Spiral Dynamics in der Praxis: Der Mastercode der Menschheit*. J. Kamphausen Verlag.

Bråten, S. (2013). *Roots and collapse of empathy: human nature at its best and at its worst* (Vol. 91). John Benjamins Publishing.

Fikentscher, W. (2004). *Modes of thought: a study in the anthropology of law and religion.* Mohr Siebeck.

Hannah, B. (1985). *Begegnungen mit der Seele: aktive Imagination – der Weg zu Heilung und Ganzheit.* Kösel.

Hermann, S. (1981). Methodik der aktiven Imagination. In U. Eschbach (Hrsg.), *Die Behandlung in der analytischen Psychologie, Band 2. Die Behandlung als menschliche Begegnung.* Fellbach-Oeffingen: Adolf Bonz Verlag.

Hirigoyen, M. F., & Marx, M. (2015). *Die Masken der Niedertracht: seelische Gewalt im Alltag und wie man sich dagegen wehren kann.* Dt. Taschenbuch-Verlag.

Huber, R. (2004). Braucht eine Psychologie Selbsterkenntnis? *Analytische Psychologie, 136, 236–246.*

Hurni, M., & Stoll, G. (1999). *Der Hass auf die Liebe: die Logik der perversen Paarbeziehung.* Psychosozial-Verlag.

Johnson, R. A. (1995). *Bilder der Seele: Traumarbeit und aktive Imagination.* Hugendubel.

Käßmann, M. (2011). *Sehnsucht nach Leben: Mit Bildern von Eberhard Münch.* adeo.

Kast, V. (1988). *Imagination als Raum der Freiheit: Dialog zwischen Ich und Unbewusstem*. Walter-Verlag.

Kast, V. (2012). *Imagination: Zugänge zu inneren Ressourcen finden*. Patmos Verlag.

Küstenmacher, M., Haberer, T., & Küstenmacher, W. T. (2010). *Gott 9.0: wohin unsere Gesellschaft spirituell wachsen wird*. Gütersloher Verlagshaus.

Labek, K., Viviani, R., & Buchheim, A. (2019). Konzeption der Borderline-Persönlichkeitsstörung aus neurobiologischer Sicht. *PTT-Persönlichkeitsstörungen: Theorie und Therapie*, *23*(4), 310–320.

Mahr, A. (2016). *Von den Illusionen einer unbeschwerten Kindheit und dem Glück, erwachsen zu sein*. Scorpio Verlag.

Nelles, W. (2012). Umarme Dein Leben. *Wie wir wirklich erwachsen werden.* Köln.

Neumann, E., & Rolfe, E. (1949). *Tiefenpsychologie und neue Ethik.* Depth Psychology and a New Ethic. Zürich: Rascher Verlag.

Pierre, J. C. (2014). *Analyses of Daoism thinking though Clare Graves human development Framework,* Academia.edu

Renggli, F. (2018). *Angst und Geborgenheit: Soziokulturelle Folgen der Mutter-Kind-Beziehung im ersten Lebensjahr*. Rowohlt Verlag GmbH.

Wilkening, F., Freund, A. M., & Martin, M. (2008). *Entwicklungspsychologie*. BeltzPVU.

Zeig, J. K, Munion, W. M. (1999). *Milton H. Erickson*, Sage Publications

Zeig, J. K, 2017). *The Anatomy of Experiential Impact*, Milton H. Erickson Foundation Press

Anhang

Auszug aus dem Vortrag
Gegenübertragung am 24.10.2001
von Joerg Marxen
im Rahmen der Mittwochsvorträge in der Klinik
Flachsheide in Bad Salzuflen

(…) Unter *Übertragung* verstehe ich hier die Ge-
samtheit aller Empfindungen, aller nur wahrge-
nommenen und aller ausgedrückten Impulse, allen
Tuns und Unterlassens, allen Ausdruckes und aller
Zurückhaltung, die sich vom Patienten aus auf den
Therapeuten richten.

Entsprechend verstehe ich *Gegenübertragung* als
die Gesamtheit aller Empfindungen, Impulse,
Handlungen, Unterlassungen, allen Ausdruckes und
aller Zurückhaltung des Therapeuten, die sich auf
den Patienten richten, unabhängig davon, ob sie
ihren Ursprung im Patienten bzw. im jungianischen
Sinne im Feld haben oder in uns, ob sie synton oder
illusionär sind.

Es kann geschehen, dass neben negativen und
schwer erträglichen Qualitäten in der Übertragung,
in der Projektion, auch positive Werte und tiefe
innere Qualitäten auf den Therapeuten projiziert
werden. Alle Bereiche, in denen die Unterschei-

dung von Objekt und Subjekt noch nicht bewusst geworden ist, werden zunächst projiziert, können auf diese Weise in Erscheinung treten, erlebt werden. Durch die Rücknahme ins Subjekt werden sie schließlich bewusst und integriert.

Den Prozess der Interaktion beider schlage ich vor, so zu verstehen:

> Mit der Übertragung wird uns das Anliegen des Patienten angetragen.

> Mit der Gegenübertragung wird ihm unsere Antwort angetragen.

Die Definitionen beider Begriffe haben sich im Laufe der Zeit sehr gewandelt, aber von Beginn an war und ist etwas in Ausmaß und Konsequenz zutiefst Revolutionäres in ihnen enthalten, nämlich die Entschlossenheit, eine Professionalisierung und Technologie für ein einfach formulierbares, aber schwer umsetzbares und in viele Lebensbereiche existenziell hineinwirkendes Anliegen zu entwickeln:

Wie respektiere ich den anderen Menschen?

Nicht einen, sondern eben den, diesen ganz konkreten Menschen dort, der sinnlich äußerst real als Wesen mit den gleichen existenziellen Fragen vor uns sitzt.

Im Rückblick erscheint die Geschichte, die mit der Betrachtung der Gegenübertragung als Revolution begann, als die Geschichte von Respekt und unbedingter Wertschätzung für das unausweichlich Reale im anderen, auch für das Dämonische, den Schatten, die Destruktivität.
Die eingeschränkte, das Dämonische ausschließende Empathie wurde überwindbar, erweiterbar auf das zuvor Ausgegrenzte und Abgespaltene. (…)

Literatur zum Vortrag vom 24. Oktober 2001:

Gill, M. M. (1996). *Die Übertragungsanalyse*. Frankfurt am Main: Fischer Taschenbuch Verlag.

König, K. (1998). *Gegenübertragungsanalyse*. Vandenhoeck & Ruprecht.

Racker, H. (1997). *Übertragung und Gegenübertragung*. (5. Aufl.). München/Basel: Ernst Reinhardt Verlag.

Vertiefung, Ergänzung und Weiterarbeit für Verantwortungsträger aller Aufgabenfelder

Zu Fragen der Entwicklung von Wertesystemen und Organisationen, typischen Konflikten und Ressourcen bei der Interaktion verschiedener Wertesysteme auf individueller und organisatorischer Ebene sowie einem professionellen, reifen Umgang damit bietet Joerg Marxen in den Bereichen *Coaching*, *Supervision*, *Fortbildung* und *Ausbildung* Einzelarbeit und Seminare an.

Zeitfracht Medien GmbH
Ferdinand-Jühlke-Straße 7
99095 Erfurt, Deutschland
produktsicherheit@kolibri360.de